CONSIDÉRATIONS

SUR

L'OPPORTUNITÉ DE RECONNAITRE

L'INDÉPENDANCE DE L'ÉGYPTE.

CONSIDÉRATIONS

SUR

L'OPPORTUNITÉ DE RECONNAITRE L'INDÉPENDANCE DE L'ÉGYPTE

SOUS LE GOUVERNEMENT

DE MOHAMMED-ALY;

PAR FÉLIX MENGIN,

AUTEUR DE L'HISTOIRE DE L'ÉGYPTE.

MARSEILLE.

TYPOGRAPHIE DES HOIRS FEISSAT AINÉ ET DEMONCHY,

Imprimeurs de la Ville et du Commerce,

RUE CANEBIÈRE, N° 19.

1839.

Avertissement.

Je n'ai point traité dans cet écrit la partie politique à laquelle je ne suis point initié. J'ignore quelles sont les vues des Cabinets relativement à l'Egypte et de quelle nature peuvent être les relations de leurs agens avec Mohammed-Aly. Mon seul désir est de faire luire de beaux jours sur cette contrée qui fixe aujourd'hui les regards du monde.

J'ai exposé des faits, j'ai émis franchement mon opinion, chacun a la sienne, puisse-t-elle jeter quelque lumière dans l'esprit de mes lecteurs, ils jugeront si je me suis trompé.

CONSIDÉRATIONS

SUR

L'OPPORTUNITÉ DE RECONNAITRE
L'INDÉPENDANCE DE L'ÉGYPTE

SOUS LE GOUVERNEMENT

DE MOHAMMED-ALY.

La reconnaissance du gouvernement de l'Egypte, objet de plusieurs discussions parmi les diplomates, a trouvé assentiment chez les uns, opposition chez les autres. Quelques journaux ont abordé la question diversement, d'une manière vague. Dans le public chacun en parle suivant ses intérêts ou ses passions, ces grands mobiles du monde. Un acte d'une aussi haute importance mérite un examen approfondi, j'essayerai de l'envisager sous différens points de vue.

On n'improvise ni des situations, ni des systèmes politiques, c'est au temps à les amener.

L'Égypte, qui a joué un rôle si brillant dans l'antiquité, l'Égypte jadis l'institutrice des nations, était tombée, dans les temps modernes, au dernier degré d'avilissement. Trois ans d'occupation par l'armée française l'avaient tirée de l'oubli où elle était plongée. Déjà, elle renfermait dans son sein des germes de civilisation, déjà son avenir ne paraissait plus incertain, l'Europe la contemplait avec admiration. Mais les événemens se pressaient, l'impulsion donnée allait éprouver un mouvement rétrograde, l'Angleterre venait d'intervenir dans les débats; cette puissance aurait pu, à l'aide de ses succès, donner suite à l'ouvrage que les Français avaient commencé sous de favorables auspices, la régénération de l'Égypte, la civilisation de l'Orient.

Le ministère anglais, alors si puissant, si entreprenant, si avisé, a faussé ses intérêts politiques et commerciaux par l'ordre intempestif donné à son armée d'évacuer la ville et les forts d'Alexandrie au moment d'une nouvelle guerre avec la France. Quelle puissance aurait pu lui en contester l'occupation, que le temps et les événemens eussent légitimée ? Qui sait ce qu'il en serait advenu.

Mais l'Egypte devait encore passer au creuset de l'anarchie, elle devait subir une violente ébullition, son sort était remis en problème. Devait-elle retomber dans les abîmes ou bien terrasser l'hydre des factions ? Oui, elle devait surgir débarrassée de l'écume qui couvrait sa surface, une ère nouvelle, une ère de gloire allait commencer pour elle, un homme que la fortune avait choisi pour fixer ses destinées s'éleva comme un ange tutélaire pour la sauver du naufrage.

Cet homme supérieur par son génie et son habileté, avait le pressentiment de sa grandeur future. Bientôt, la patrie des Pharaons cessa d'être une arène ensanglantée, le calme succéda aux fureurs de l'anarchie, l'ordre et la sécurité ramenèrent la confiance dans tous les cœurs.

Une domination tumultueuse avait fait peser long-temps sur l'Egypte un sceptre de fer; son sol était encore empreint des traces des Mameloucks et des Turcs étrangers au caractère et aux mœurs d'une nation qui ne savait opposer à ses oppresseurs que douceur et soumission. Quel contraste! Oppression d'une part, douceur et soumission de l'autre! Ne devait-il pas résulter d'un assemblage aussi hétérogène une série d'actes arbitraires et d'injustes agressions? Les Turcs surtout, qui se regardaient comme expatriés, mettaient à profit la durée d'un pouvoir abusif et momentané. C'était de continuelles avanies. Il n'y avait de lois que leurs volontés, de règle que leurs intérêts, de justice que la fougue de leurs caprices. Un tel ordre de choses, si nuisible au bien public, amenait des désordres; les chefs frondaient l'autorité, l'insubordination était grande parmi les soldats.

L'esprit des partis, leurs adhérences, leurs projets n'avaient point échappé à la pénétration de Mohammed-Aly, il sut par ses habiles combinaisons les faire tourner à son avantage. Dès son élévation au pouvoir, il éloigna les conspirateurs, les plus séditieux parmi les chefs furent punis, l'exil devint le partage des uns, le glaive frappa les autres. Lors de la formation du *Nizam*, il réprima l'indiscipline de la soldatesque turque qui refusait de se rallier à cette organisation régénératrice. Dans toutes les branches de l'administration, un nouveau système mieux entendu fut substitué à l'ancien, des hommes de toutes religions furent appelés à des fonctions importantes, la langue arabe obtint, dans les actes publics, la préférence sur la langue turque. Ainsi, Mohammed-Aly s'identifiait avec les Egyptiens, il allait donner à la nation des institutions qui devaient la retremper et l'affermir dans ses nouvelles destinées.

L'Egypte avec ses sables, son teint basané, son organisation, son caractère, ses mœurs, son langage, tranche d'une manière piquante avec les provinces soumises à l'empire du croissant. L'Egypte est toute africaine. Par sa position, elle se trouve en dehors de toute domination étrangère; séparée de Constantinople d'un côté par des mers, de l'autre par des montagnes, des défilés et des déserts, elle ne peut avoir avec cette capitale que des rapports éloignés. L'expérience a déjà prouvé qu'il était difficile d'y apaiser des troubles sans de violentes secousses, sans mettre en présence des intérêts opposés. Pour les apaiser, ces troubles, il faut de longs préparatifs, des armemens dispendieux, des soldats exigeans que l'éloignement rendra bientôt indisciplinés. Les secours ne seront-ils pas tardifs ? Les chefs oubliant leurs devoirs ne se montreront-ils pas accessibles à la séduction ? Les troupes ne feront-elles pas cause commune avec les mécontens ? En effet, quel a été souvent le résultat de ces luttes prolongées entre la milice et le pouvoir ? Le mépris de l'autorité ! la déconsidération du trône !

L'Egypte prête trop à des projets ambitieux, on y est prédisposé à suivre ses penchans. L'histoire est là, elle vous dira que l'Egypte a été dans tous les temps le foyer des guerres et des réactions. Faut-il l'attribuer à l'isolement de sa position, à la douceur de son climat, à la fertilité de son sol, aux avantages qu'il procure, ou bien à un faux système de gouvernement tel qu'il a été suivi dans des temps antérieurs ? Peut-on dire aussi que le spectacle frappant de l'indépendance des tribus d'arabes ne soit un attrait pour des imaginations ardentes, un homme décidé aura pu dire quelquefois, et moi aussi, je puis être chef.

Pendant que Mohammed-Aly s'occupait à civiliser l'Egypte, ses nouvelles légions triomphaient en Morée contre les Grecs révoltés. La durée de cette guerre sanglante par sa nature avait appelé l'attention des hautes puissances. On tendit aux Grecs une main secourable ; une intervention devenue nécessaire, délivra la Morée des malheurs qu'une lutte opiniâtre faisait peser sur elle. Cette œuvre louable en elle-même, couronna son indépendance, elle fut proclamée. Mohammed-Aly, par déférence aux demandes des envoyés des hautes puissances, contribua à accélérer le dénouement de ce grand drame, il pressa l'évacuation de la Péninsule occupée par ses troupes. Ce trait d'humanité et de courtoisie arrêta un moment plus tôt l'effusion du sang.

Plus tard, une guerre suscitée par le Pacha d'Acre, s'étendit jusqu'aux rives du Bosphore; le trône des Sultans en fut ébranlé; la puissante médiation de la France arrêta les progrès de cette guerre qui menaçait de compromettre les intérêts politiques de l'Europe. Constantinople, flottant entre la crainte et l'espérance, fut préservée d'un grand naufrage, Mahmoud se rassit sur son trône, l'Orient fut pacifié.

Ministres des hautes puissances, vous avez applaudi à la modération de Mohammed-Aly, il a reçu les félicitations de vos envoyés, sa conduite franche et loyale a mérité les éloges que vous lui avez prodigués; dans les négociations subséquentes sa modération ne s'est point démentie. Observateur des traités, Mohammed-Aly veut la paix, la paix est son idole, c'est sous l'ombrage de l'olivier qu'il veut assurer la tranquillité de l'Egypte, à laquelle il a désormais consacré son existence.

Et quel prince en Orient s'est élevé plus haut que Mohammed-Aly, par ses grandes actions?

N'est-il pas le régénérateur de l'Egypte qu'il a placée dans une sphère au-dessus des orages ? N'a-t-il pas fait succéder l'ordre à l'anarchie, ravivé l'industrie et le commerce, perfectionné l'agriculture, enrichi le sol de nouveaux produits ? La tolérance n'a-t-elle pas accordé à toutes les religions la protection la plus étendue ? L'Egypte n'est-elle pas une terre hospitalière ? N'a-t-il pas creusé des canaux, élevé des fabriques, organisé une armée, créé une marine, établi des arsenaux, des hôpitaux ? Sa politique unie à son courage n'a-t-elle pas arrêté les progrés d'une secte fanatique qui menaçait l'Arabie de ses doctrines subversives ? N'a-t-il pas conquis l'Ethiopie et infiltré la civilisation jusqu'aux sources du Nil ? Les sciences bannies de l'ancienne Egypte par l'ignorance et la barbarie ont retrouvé un asile dans l'Egypte de Mohammed-Aly. Des édifices d'une grande étendue sont aujourd'hui consacrés à l'enseignement des mathématiques, de la physique, de la chimie, de la botanique. On professe la médecine, l'anatomie, la médecine vétérinaire, le dessin, la musique, les langues orientale, française, italienne et anglaise. Il y a dans chaque canton une école primaire pour l'instruction des enfans. Que d'utiles travaux ! travaux d'Hercule qui ont mérité à ce héros l'immortalité !

Mohammed-Aly ne pourrait-il pas dire comme J.-J. Rousseau : « Quel homme de mon temps a « fait plus de choses que moi ? »

La restauration de l'Egypte est son ouvrage, c'est une des belles créations de ce siècle. Que de titres à l'illustration, que de droits à l'indépendance !

Avantages qui devront résulter de l'Indépendance de l'Egypte sous le gouvernement de Mohammed-Aly.

Les antécédens de Mohammed-Aly tiennent du prodige, d'une telle source peuvent découler de grands avantages et des améliorations, fruits de l'économie et d'une paix durable. Mais ces avantages, ces améliorations, il faut le dire, sont subordonnés à l'indépendance de Mohammed-Aly, parce que l'indépendance de Mohammed-Aly peut seule faire cesser les armemens, augmenter les ressources et diminuer les dépenses, parce que l'indépendance de Mohammed-Aly peut seule dissiper les incertitudes qui planent sur l'avenir de l'Egypte.

La situation actuelle n'est point la paix, c'est une trève imposée par la nécessité, que peut rompre la plus légère discussion. On sait trop bien que l'humiliation ne fut jamais oublieuse.

Mohammed-Aly, régulièrement constitué, n'aurait plus à redouter aucune tentative d'agression; la paix serait garantie par la paix et par le concours obligé des hautes puissances. Désormais, aucun nuage ne s'élèverait sur l'horizon de ses états; d'ailleurs, on n'oserait supposer d'arrière-pensée ni à la France ni à l'Angleterre, qui ont déjà combattu pour la possession de l'Egypte. Ces puissances ont trop de loyauté, elles sont trop intéressées au maintien de l'ordre, elles ne veulent pas d'agrandissement; nous ne sommes plus au temps des conquêtes. La France donne chaque jour des preuves d'une sage modération, elle ne jettera pas le gant, l'Europe le ramasserait. L'Egypte est la fille adoptive de la France, de son sein sont sortis les élémens précieux qui ont servi à élever l'édifice qu'elle présente au monde civilisé, ses intérêts politiques et commerciaux exigent que l'Egypte ait une base solide, qu'elle soit riche, puissante, capable de résistance.

L'Angleterre trop occupée de son intérieur, doit songer à maintenir l'équilibre dans les dépendances de sa monarchie. Pourrait-elle dans des momens d'anxiété, au milieu des dissensions qui diviseront long-temps ses populations, pourrait-elle éloigner des bords de la Tamise une armée assez nombreuse pour menacer l'Egypte, tandis que par le maintien de la paix, il lui sera facile de retirer les mêmes avantages que lui procurerait une occupation hostile. On peut bien conquérir, mais il faut conserver; l'Angleterre a le même intérêt que la France à maintenir l'Egypte à un haut degré de force et de puissance. Les produits de son industrie y trouvent un débouché facile; par cette voie, la route de l'Inde est ouverte à son commerce, sans que les caravanes aient besoin d'être escortées par ses soldats, ses vaisseaux trouvent un abri dans les ports d'Alexandrie, de Suez et de Kosseïr. Quels plus grands avantages, l'occupation lui procurerait-elle ? L'Angleterre ne songeait à porter la guerre en Egypte, que lorsqu'elle était envahie par une armée française, ou qu'elle était en proie à l'anarchie pour favoriser un parti au détriment de l'autre. Ces temps s'éloignent de nous.

La Russie, depuis sa dernière guerre avec la Porte, tient sur la Mer-Noire une armée prête à agir. Cette puissance, par sa position voisine du Bosphore, peut arriver à Constantinople avant même que l'on sache qu'elle en a le projet. Mais ce déplacement de forces ne pourrait être que l'effet d'un événement inattendu. Dans une telle hypothèse, le gouvernement de l'Egypte en acquerrait plus de force et de solidité. Mohammed-Aly devrait concourir avec la France et l'Angleterre à arrêter les progrès des Russes et les empêcher de prendre l'initiative dans les affaires de l'Orient. Mais la Russie partage les sentimens des autres puissances, elle veut la paix, elle en désire la continuation ; son souverain n'ignore pas qu'un changement de politique aussi brusque serait nuisible à la prospérité de ses provinces méridionales. Ce prince, qui fait dépendre son bonheur de celui de ses sujets, n'a en vue que des améliorations que la paix seule peut procurer.

Le sultan Mahmoud perdant ses droits de suzeraineté sur un pays qui ne se rattache à lui que par des souvenirs éloignés, ferait trève avec son propre ressentiment. Son empire, tel qu'un grand arbre dont on élague les branches trop exposées à la violence des orages, en serait plus affermi par cela même qu'il aurait moins d'étendue. Alors plus d'arrière-pensée, plus de projets de vengeance, plus d'hostilités. Une paix durable devenue le besoin des deux états, ramènerait aux sentimens de l'amitié, deux princes faits pour s'estimer. De là naîtrait le repos de l'Orient encore inquiet sur son avenir, flottant au milieu des incertitudes. De nouvelles relations s'établiraient entre Constantinople et l'Egypte. Le commerce qui ne peut exister que par la confiance, reprendrait son activité par un échange continuel des articles de l'un et des produits de l'autre. Le Kaire, regardé par les Musulmans comme la porte des deux villes saintes, serait ouverte, comme par le passé, mais avec plus de pompe et d'appareil, aux nombreux pélerins que la piété conduirait à la Kabàa.

Satisfait de son existence politique, tranquille sur l'avenir, Mohammed-Aly n'aurait d'autres soins que de rendre l'Egypte plus florissante encore, d'autres pensées que de faire le bonheur d'un peuple qu'il aime et dont il est aimé. Tout souverain qui aime la gloire aime le bien public.

[illegible] désarmement des forces dë terre et de mer,

opéré dans une juste réduction, serait le premier effet de l'indépendance.

Des réformes et des changemens utiles auraient lieu dans le département de la guerre, on compléterait l'organisation de l'armée.

La conscription rendue plus facile serait moins onéreuse au pays, un réglement déterminerait la manière d'y procéder.

L'Egypte aurait des lois, elle serait dotée de sages institutions mises en harmonie avec le degré de civilisation où elle est parvenue.

Un système de canalisation plus développé faciliterait la culture d'une plus grande étendue de terres, les produits plus abondans augmenteraient les ressources de l'état, il s'ensuivrait un dégrèvement dans les impôts. Le droit de *Koradj* serait aboli.

On doublerait le nombre des ponts sur les canaux. Des routes élevées au-dessus du sol et plantées d'arbres, rendraient plus faciles les communications dans l'intérieur pendant la durée de l'inondation.

On régulariserait d'une manière fixe l'administration agricole et financière. Il y aurait moins d'entraves dans la perception de l'impôt foncier qui recevrait des modifications. La responsabilité péserait sur les chefs de département ; ces fonctionnaires seraient comptables envers le trésor, chacun d'eux ferait une description détaillée de toute l'étendue de son département. Par là, on pourrait avoir un dénombrement exact de la population en distinguant les classes. On serait assuré du nombre des puits à roues, du nombre de bestiaux de toute espèce, de la quantité des bonnes, des médiocres et des mauvaises terres ; enfin, on donnerait suite au cadastre commencé depuis plusieurs années dans la province de Charkyeh.

On boiserait la ligne du désert, autant pour arrêter l'envahissement des sables, que pour diminuer d'intensité les raffales des vents étésiens qui portent, dans la saison où ils soufflent, la désolation et l'aridité. L'assainissement du pays ne laisserait plus aux épidémies, ces fléaux destructeurs, la possibilité d'exercer des ravages parmi les populations. Des villages plus spacieux, des habitations mieux appropriées, préserveraient les fellahs de beaucoup de maladies, avant-coureurs d'une précoce vieillesse.

L'opération de la vaccine déjà mise en pratique dans plusieurs départemens serait généralement répandue.

Dans peu d'années, l'Egypte aurait une population qui s'adonnerait d'elle-même à l'agriculture et aux arts.

On augmenterait le nombre des élèves dans les établissemens consacrés à l'instruction et à l'étude des sciences.

A mesure que la population deviendrait plus

nombreuse et plus aisée, il y aurait plus de consommateurs, le commerce prendrait plus d'étendue, l'industrie se perfectionnerait dans toutes ses ramifications. On accorderait des primes aux découvertes utiles, on stimulerait l'émulation par des récompenses. L'arabe est insouciant par nature, ses actions n'ont aucun mobile, son caractère est étranger à l'amour-propre; on éveillerait en lui ce sentiment qui est susceptible de grandes choses lorsqu'il est dirigé vers un but honorable.

Avant l'invasion des Français, les terres en Egypte appartenaient au souverain, les Mamelouks qui les possédaient, n'étaient en fait que des usufruitiers. Telles avaient été, lors de la conquête, les dispositions de Selim Ier, dispositions qui reçurent la sanction de son fils Soliman II et de ses successeurs. Cela est tellement avéré, que la haute administration avait été confiée par la Sublime-Porte à un defterdar ou rusnamgi qui tenait registre de la totalité des terres, que les actes et contrats de transmission émanaient des bureaux du qâdy, que les terrains de ceux qui mouraient sans héritiers, appartenaient de droit au fisc. Les beys gouverneurs ne pouvaient en disposer. Depuis cette époque, aucun changement n'était survenu dans les dispositions des Sultans, quoiqu'elles fussent tombées en désuétude par la faiblesse des uns et la puissance des autres. Les beys mamelouks, malgré leurs récriminations et leurs guerres avec le souverain, étaient tenus de payer chaque année au trésor, à Constantinople, deux mille bourses, non compris des redevances en riz, sucre, café, etc. : c'était un droit de fermage que le sabre éludait quelquefois.

Après l'extinction des Mamelouks, toutes les terres ont été réunies au domaine de Mohammed-Aly; il les possède, il les ameublit, il les fait cultiver à son gré. C'est à cette possession que l'Egypte est redevable des nouveaux produits qui enrichissent son sol, que le commerce de l'Europe doit l'abondance des matières premières indispensables à son industrie; avant ce temps, les cultures demeuraient stationnaires, l'Egypte n'était regardée que comme un grenier qui fournissait la subsistance à ses voisins.

Mohammed-Aly, indépendant, ferait avec une partie des terres des concessions gratuites et à prix d'argent, suivant leurs qualités, l'état et la situation où elles se trouvent; idée ingénieuse, mesure salutaire qui ferait naître la propriété, en même temps qu'elle donnerait un nouvel essor à l'agriculture, car le possesseur d'un terrain, cultive mieux son héritage que celui d'autrui; l'esprit de propriété double la force de l'homme; on travaille pour soi et pour sa famille avec plus de vigueur et de plaisir, que pour un maître; la terre en devient plus fertile; le droit de propriété consistant surtout à laisser chacun libre de vendre le produit de sa terre à qui veut mieux le payer. C'est évidemment l'avantage du souverain, son trésor en profite; partout où le cultivateur travaille pour lui, l'état est riche et le commerce florissant, étend partout ses branches. Dans cette hypothèse, on verrait pour la première fois des capitalistes, des hommes laborieux venir sur les bords du Nil former des établissemens d'agriculture, et donner aux Egyptiens l'exemple d'un travail industriel ; l'industrie agricole contribue à augmenter la richesse. Chez un peuple sans industrie, tels que sont les fellahs, chacun ne cultive que pour avoir le nécessaire physique, et la culture est languissante si on ne les force de prendre en main les instrumens aratoires. De cet état de choses, résulterait un échange de relations continuelles entre les indigènes et les étrangers nouveau venus; les mœurs s'adouciraient, un caractère de sociabilité remplacerait, chez les fellahs, les préjugés et les vices dont ils sont encroutés.

De même que les villes capitales de l'Europe, l'Egypte aurait aussi son musée, on construirait un édifice où seraient exposés des chefs-d'œuvre de peinture et de sculpture, on y conserverait des modèles de l'industrie, on y classerait des objets de métallurgie et de minéralogie, l'histoire naturelle si riche en espèces dans les climats d'Afrique, occuperait une large place, les voyageurs viendraient admirer dans ce sanctuaire des arts :

les monolithes, les colonnes de granit et de porphyre, les sphynx, les statues, les stels, qui embellirent autrefois les temples de Memphis et de la Thébaïde.

Ainsi, on marcherait progressivement dans la voie des améliorations: mais les améliorations ne se borneraient pas à l'Egypte; Mohammed-Aly porterait ses vues vers ces contrées lointaines, naguères soumises à sa domination. L'Egypte rendrait à l'Ethiopie les institutions que l'Ethiopie lui donna dans la haute antiquité. Les peuples de cette grande région dégradés par une longue suite de siècles d'ignorance et de barbarie, seraient appelés à une régénération nouvelle; on interrogerait les monumens de Meroë, on exhumerait de ses ruines conservatrices les vestiges de la science et le type des beaux-arts; peut-être, à l'aide de quelque grande découverte, pourrait-on soulever le voile qui couvre encore les temps anciens.

Des obstacles naturels ne permettent point d'établir des communications fluviales avec les provinces de Dongolah, de Berber et de Sennàr, Mohammed-Aly a déjà prouvé qu'aucune entreprise n'était au-dessus de son génie; il pourra, à l'aide de l'industrie européenne, creuser au milieu d'une suite d'écueils qui arrètent la navigation lorsque le Nil est dans son étiage, un canal où les barques transporteront en tout temps des articles de commerce, et les produits de la terre. Ce serait une opération gigantesque, une des plus belles conceptions des temps modernes. Quelle mine à exploiter ! Quelle source de richesse jaillirait d'un sol aussi fertile que celui de ces provinces plus vastes que la vallée du Nil. Ce sol privilégié deviendrait le domaine des céréales, du cotonnier, de la canne à sucre, de la tige d'opium et d'indigo. Les expériences qu'on a tentées sur ces différentes cultures ne laissent aucun doute sur la réussite la plus complète; la vigne s'y élève rapidement et porte de bons fruits: un tel résultat serait un ample dédommagement des trésors que l'on emploierait à cette utile opération.

Mohammed-Aly, qui aspire à tous les genres de célébrité, aiderait et protégerait efficacement des découvertes dans l'intérieur de l'Afrique, on pourrait visiter sans crainte l'Abyssinie, voyager dans le pays des Gallas, au Fazoql et sur la côte occidentale de la Mer-Rouge; les hommes de science, les voyageurs instruits, ne se hâteraient-ils pas de saisir une circonstance aussi favorable qui les mettrait à même d'agrandir le cercle des connaissances déjà acquises sur un continent, l'objet de tant d'explorations. Les voyageurs de toutes les nations qui ont parcouru l'Egypte et l'Ethiopie, diront si la puissante protection de Mohammed-Aly leur a été utile dans leurs investigations : j'en appelle à leur témoignage !

A ces améliorations, on ajouterait un bienfait que réclame la philanthropie, un bienfait pour l'obtention duquel la France et l'Angleterre ont employé tant de moyens de répression; l'affranchissement de la race noire de l'esclavage ! Les noirs des deux sexes enlevés à leur patrie, à leurs familles par des hordes vagabondes avides de pillage, sont vendus par échange à des marchands gellabs qui les conduisent en Egypte ; ces noirs, la plupart en bas âge, cheminent à petites journées dans des déserts, n'ayant pour nourriture que des grains de maïs triturés, et pour étancher leur soif de l'eau saumâtre et bourbeuse; dans ces longs trajets, les maladies suite des fatigues, le changement de climat, la nudité, les mauvais traitemens qu'ils endurent en font périr une grande partie. Arrivés à leur destination, ces malheureux sont jetés pêle-mêle dans des lieux humides et mal sains, exposés à la curieuse investigation des acheteurs ; ce n'est point à l'agriculture, à des travaux utiles, ou à l'apprentissage de quelque profession que les nouveaux maîtres destinent leurs esclaves, c'est à la domesticité : ils ne peuvent espérer de parcourir une autre carrière. Ce honteux trafic ruine les populations africaines sans aucune utilité pour l'Egypte; l'empêcher, ce trafic, serait une mesure de politique et en même temps un acte d'humanité; si l'on donnait suite à la colonisation des provinces éthiopiennes, les populations en ressentiraient de salutaires effets, elles ne seraient plus décimées par des enlèvemens destructeurs, Mohammed-Aly, qui adopte en tout, les sages institutions qui régissent l'Europe, s'empresserait de donner son assentiment à un acte que les philanthropes de tous les pays regarderaient comme une bonne action.

Tels sont les avantages qui devront jaillir de l'indépendance de Mohammed-Aly, telles sont ses grandes vues avec une volonté ferme de les remplir.

D'après les considérations que je viens d'exposer, la sagesse accoutumée des diplomates se convaincra aisément de l'opportunité de reconnaître le gouvernement de l'Egypte. Ajourner cette reconnaissance, ce serait éloigner l'accomplissement des améliorations et des avantages qu'elle promet, ce serait remettre en problème l'avenir de l'Egypte, de cette Egypte si recommandable par ses antécédens, si désireuse de recouvrer son ancienne splendeur ; ce serait paralyser les effets que l'on doit attendre des institutions déjà mises en vigueur par Mohammed-Aly, institutions qui devront tôt ou tard régénérer les peuples voisins. Cette vérité n'échappera point aux esprits éclairés. L'Egypte est en contact direct avec l'intérieur de l'Afrique, avec l'Arabie, avec la Syrie; elle infiltrera peu-à-peu dans ces contrées limitrophes des germes de civilisation que le temps et les événemens feront éclore. Une génération naissante reçoit facilement de nouvelles impressions, lorsqu'elle est bien dirigée, elle marche hardiment à son but. L'ignorance tient à ses goûts, à ses préjugés, à ses habitudes, mais un peuple qui se civilise passe sans contrainte d'un état à un autre, quand il voit que son bien-être en dépend.

Si la France eût conservé l'Egypte, la civilisation serait aujourd'hui propagée sur les deux continens. Il y aurait en Ethiopie, à Darfour et à Sennâr, des écoles, des établissemens d'agriculture, des ateliers de l'industrie. A Médine, à la Mèque, on traduirait en langue française les historiens arabes. En Syrie, où l'esprit des peuples est plus disposé à l'instruction, une académie des sciences s'élèverait sur les débris du temple de Salomon. Cette époque, unique dans l'histoire, a été manquée! Il en est autrement advenu. La circonstance actuelle se présente aussi favorable, la laissera-t-on échapper. Déjà, quelques diplomates éclairés ont reconnu l'opportunité de fonder en Orient un état indépendant, un état qui puisse tenir l'équilibre et policer tant de peuplades à demi-sauvages. L'Egypte, par sa position, par ses rapports, par ses antécédens, mérite d'être appelée à l'accomplissement de ces grandes vues: telle est sa destinée. L'Egypte est le point de mire des gouvernemens constitutionnels qui ont tant à cœur les progrès de la civilisation; l'Egypte, forte de leur adoption, secondera leurs efforts dans cette noble entreprise.

www.ingramcontent.com/pod-product-compliance
Lightning Source LLC
LaVergne TN
LVHW050506160826
845677LV00003B/975

* 9 7 8 2 3 2 9 6 4 8 2 4 8 *